당신 만나려고 세상에 왔나 봐

시에시선 **071**

당신 만나려고 세상에 왔나 봐

윤수천 4행시집

詩와에세이

시인의 말

나는 뭐든 재미있어야 한다고 생각한다. 소설은 말할 것도 없고, 시든 동화든. 마침 어느 날 새벽에 그런 행운이 찾아왔다. 산사의 종소리처럼 나를 흔들었다. 그건 네 줄짜리 시였다. 여기 묶은 '4행시'는 주로 새벽에 써졌다. 아니, 새벽을 타고 나에게로 왔다는 말이 더 어울리겠다. 짧지만 결코 짧지 않은 시. 읽고 나면 미소 한 줌 마음에 간직할 수 있는 시. 이 얼마나 감사한가!

2023년 6월
윤수천

차례__

시인의 말 · 05

제1부

목련꽃 · 13
갈대 · 14
층간 소음 · 15
이사 떡 · 16
조용한 버스 · 17
물수제비 · 18
팝니다 · 19
풀잎의 기도 · 20
잡초 · 21
골목길 · 22
밥 · 23
햇살 한 줌 · 24
좋은 시 · 25
공사 중 · 26

제2부

여행 · 29
굴렁쇠 · 30
귀 · 31
치매 · 32
거짓말 · 33
거리 · 34
착각 · 35
도깨비와 휴대폰 · 36
겉과 속 · 37
상처 · 38
야구 · 39
등산 · 40
등짐 · 41
터널 · 42
단역 배우 · 43

제3부

늙음도 괜찮아 · 47
검정 고무신 · 48
문고리 · 49
그림자 · 50
다락방 · 51
슬픈 립스틱 · 52
별 따기 · 53
연인 · 54
파도 · 55
추리고 나면 · 56
숲 · 57
듣고 싶은 소리 · 58
군밤 · 59
고향 · 60
등불 · 61

제4부

국밥 · 65
고맙지 · 66
풀꽃 · 67
동행 · 68
끈 · 69
폭설 · 70
강아지 엄마 · 71
그림자 · 72
시인 · 73
노래방 · 74
선물 · 75
꽃 · 76
주름 · 77
가난 · 78
죽음 · 79

제5부

꼬리 · 83
정형외과 · 84
당신 · 85
낫 · 86
연금 · 87
새벽별 · 88
허수아비 · 89
행복 · 90
외로움과 함께 가기 · 91
수화 · 92
엘피 레코드 한 장 · 93
영웅 · 94
요양원 · 95
장사익 · 96
지하철 · 97

시인의 산문 · 99

제1부

목련꽃

당신이 오신다기에
등을 달았습니다
멀리서도 보이도록
크고 환한 등을 달았습니다.

갈대

저 슬픈 세월을 누가 달래랴
그 누가 외면하랴
기다림도 달빛에 젖으면
저리도 눈부시게 아름다운 것을.

층간 소음

위층 아이들의 쿵쾅 소리에
아래층 아저씨는 빙그레 웃었습니다
허, 고놈들 또 시작이로구나
그런다고 내가 화낼 줄 아냐?

이사 떡

새로 이사 온 시골 새댁이
아파트에 떡을 돌렸습니다
떡만 돌린 게 아니라
따듯한 미소도 한 줌 돌렸습니다.

조용한 버스

아기를 안은 젊은 엄마가 버스에 올랐습니다
버스 기사는 잠든 아기가 깰까 봐서
버스를 살살 몰았습니다
클랙슨도 울리지 않았습니다.

물수제비

네가 있는 곳까지
날아갈 테야
닳고 닳아 반질반질해진 몸
부끄럼은 잊은 지 오래야.

팝니다

고장 난 텔레비전 팝니다
삐걱대는 의자도 팝니다
기왕에 파는 거
늙어빠진 아버지도 팝니다.

풀잎의 기도

가난한 사랑은 더욱 가난하게 하소서
외로운 사랑은 더욱 외롭게 하소서
밤하늘의 별들이 서로의 존재로
기쁨이 되어주듯이.

잡초

우린 같이 어울려 삽니다
외로움도 같이 나누고
서러움도 함께 나눕니다
우린 우리만의 노래를 부릅니다.

골목길

옛날에는 동네마다 골목길이 참 많았어
사람들은 그 골목길을 통해
인사를 나누고 정을 나누고
세상을 살았대.

밥

밥을 같이 먹는다는 것은
단순히 밥 한 그릇을 비우자는 것이 아니다
그것은 서로의 마음을 채워주고 싶다는 것
밥은 곧 마음이다.

햇살 한 줌

추운 겨울날
문틈으로 들어온 햇살 한 줌
지상에서 가장 따순
이불 한 채.

좋은 시

맑은 외로움으로
나를 바라보게 하는 시
저녁놀처럼
누군가를 그리워하게 하는 시.

공사 중

시도 때도 없이 마주치는
저 공사 중이란 팻말
왜 우리가 사는 곳엔
이리도 공사할 곳이 많은지.

제2부

여행

짐 싸는 재미로
여행 갑니다
짐 푸는 재미로
여행 갑니다.

굴렁쇠

어릴 적 굴렁쇠 굴리던 생각이 나서
사람들이 잠든 한밤중에
몰래 굴렁쇠를 굴리다가
그만 넘어져서 골절상만 당했다.

귀

귀가 줄창 열려 있는 것은
무슨 말이든 들으라는 거야
그러고는 못 들은 척하라는 거야
그래야만 세상이 평안해져.

치매

아기가 되고 싶었거든
꽃이랑 새랑 놀고 싶었거든
이상한 눈으로 보지 마
난 행복하다고.

거짓말

한세상 살다 보면
거짓말도 필요해
기계에 기름을 치듯
거짓말도 끼어들어야 재미있어.

거리

가까운 것도 좋지만
너무 가까이 오진 마
너무 가까우면
보지 말아야 할 것까지 보게 되거든.

착각

화장실 벽면에 글이 써져 있었다
오늘을 버리지 말자
좋은 말이어서 다시 보았다
오물을 버리지 말자.

도깨비와 휴대폰

옛날 사람들은 심심하면
도깨비와 놀았지만
오늘날의 사람들은 밤낮없이
휴대폰과 놀아.

겉과 속

웃는다고 속까지 웃는다고
생각하지 마
겉으론 웃고 있지만
속으로는 우는 사람도 있어.

상처

상처는 낫는 것만이
능사는 아니야
가끔은 덧내야 해
그래야만 잊지 않지.

야구

축구 배구 테니스는
상대 진영을 공격하는 경기지만
야구는
자기 집을 찾아가는 경기야.

등산

산은 혼자 가는 게 좋아
혼자 가야
나무와도 풀과도
친구가 될 수 있어.

등짐

세상에 올 때 누구나
짐 하나 지고 왔지
그 짐 평생 지고 다니다가
저승길 갈 때에야 벗고 가지.

터널

기차가 터널을 빠져나갔을 때
울리는 기적은 말이야
이제 터널은 끝났다는 거야
여러분의 터널도 끝나기를 바란다는 거야.

단역 배우

그는 평생 단역 배우 노릇만 했어
그것도 죽는 역만 했어
그가 세상을 떠났을 때
사람들은 가장 슬피 울었어.

제3부

늙음도 괜찮아

젊음만이 제일은 아니야
늙음도 괜찮아
웬만한 건 웃음으로 넘길 수 있어
살아 보니 좋은 게 좋더라고.

검정 고무신

처음엔 저렇게 생기지 않았어
서러운 세월을 건너다보니
배 모양이 되었고
말을 잃은 벙어리가 되었어.

문고리

첩첩산중 혼자 사는
복례 할머니는
사람이 그리운 날엔
문고리를 잡아 본다네요.

그림자

외로울까 봐
항상 붙어 다닌다
너무너무 사랑하다 보니
저승까지도 함께 간다.

다락방

사람마다 다락방 하나 숨겨두고 살지
혼자만 노래할 수 있는
혼자만 울 수 있는
밤하늘 같은 방.

슬픈 립스틱

사랑은 위험한 것
외줄타기처럼 위험한 것
그러나 아름다운 것
슬퍼서 아름다운 것.

별 따기

어릴 적에 난 저녁마다
장대를 들고 나가 별을 따려고 했다
어른이 된 난 더 이상 그러지 않는다
장대도 창고 안에서 잠자고 있다.

연인

둘이서 걷는 길은
끝이 없다
지구를 한 바퀴 돌아도
모자란다.

파도

당신에게 가는 길은 이 길밖에 없다
내 몸을 끝없이 굴리고 굴려서
닳고 부서지고 사그라져서
끝내는 숨을 거두는 수밖에.

추리고 나면

내 이야기를 소설로 쓰면
대하소설도 넘는다는 사람치고
추리고 나면
단편소설도 안 되는 사람 수두룩하다.

숲

도시 안에도 숲이 있다
빌딩의 숲
사람들은 그 숲에 갇힌
무기수들이다.

듣고 싶은 소리

아침엔
아기 울음소리를 듣고 싶다
저녁엔
다듬이 소리를 듣고 싶다.

군밤

영화 보고 나오다가
군밤 한 봉지 사 가지고
공원 벤치에 앉아
밤새 이야기 나누던 사람아!

고향

한번 떠난 고향은
가지 않아야 한다
가지 않아야
친구들도 나이를 먹지 않는다.

등불

너도 하나의
등불이야
네가 가는 길마다
세상이 환해지기를!

제4부

국밥

허기를 채워주는 국밥 한 그릇
설움도 달래주는 국밥 한 그릇
용기 내라 뜨건 국물 부어주는
국밥 한 그릇.

고맙지

나이 들면
햇살 한 줌도 고맙지
나이 들면
새소리 한 줄도 고맙지.

풀꽃

풀꽃이 도로 한복판에서 고개를 쳐들었습니다
이를 본 트럭 운전기사가 팻말을 세웠습니다
귀한 생명입니다
그러자 자동차들이 조심조심 지나갔습니다.

동행

폐지 실은 손수레가 길을 건넙니다
너무 많이 실은 탓에 제대로 못 갑니다
교통순경이 뛰어와서 같이 밉니다
등교하던 아이들도 같이 밉니다.

끈

넌 혼자가 아니야
주위를 둘러봐
무수한 끈으로 연결돼 있어
그러니 부디 힘내!

폭설

편지를 씁니다
당신을 향한 그리움이
온 하늘을 뒤덮습니다
이대로 죽을 것 같습니다.

강아지 엄마

엄마가 조는 사이에
아기가 엉금엉금 기어 밖으로 나갔습니다
강아지가 걱정이 되어
엄마 대신 뒤를 따라갑니다.

그림자

그녀의 그림자를 사다가
걸어 두고 봅니다
나도 어느새
그림자가 됩니다.

시인

어느 한곳에만 머물거나 묶이지 않고
하늘을 나는 새처럼
끝없이 비행을 하는
외로운 자유인.

노래방

우울할 땐 노래방이 최고야
혼자 가도 대환영이야
노래 부르다가 엉엉 울어도
누가 뭐라지 않아.

선물

넌 내게
선물이야
나도 네게
선물일 수 있을까?

꽃

길에서 마주친 아기가
안녕? 하기에
나도 아기에게
안녕? 해줬다.

주름

우리 동네 세탁소 아저씨는
주름 펴는 데 선수야
바지 주름도 잘 펴지만
동네 아줌마들 얼굴 주름도 잘 펴줘.

가난

가난도 정이 들면 지낼 만해
굳이 내쫓으려고 하지 마
서로 어깨 두드려주고 웃어주고
그렇게 사는 것도 행복한 거야.

죽음

어린 날, 해지는 줄 모르고 놀다가
엄마가 부르는 소리 기억나지?
아무개야, 이제 그만 놀아라
그러면 일어서야 해.

제5부

꼬리

강아지가 꼬리를 치는 건
귀엽지만
사람이 꼬리를 치는 건
못 봐주겠네.

정형외과

오래 살다 보니
여기저기 안 아픈 데가 없어
생각다 못해 정형외과에 입학하기로 했어
언제 졸업할지는 몰라.

당신

당신 만나려고 세상에 왔나 봐
내 마음속으로 걸어 들어온 꽃 한 송이
당신!
그 설렘 맞으려고 아침이면 해가 뜨나 봐.

낫

농사꾼의 가슴엔
낫 한 자루 있지
억센 풀을 베듯
한세상 어려움도 베어가며 살지.

연금

젊을 때 아름다운 추억
많이 많이 만들어 놔
나이 들어 혼자 됐을 땐
추억처럼 좋은 연금도 없어.

새벽별

동화가 잘 써진 날은
새벽별이 유난히 반짝입니다
밤새워 쓴 동화가 하늘에 올라가
별이 됐나 봅니다.

허수아비

추수 끝난 빈 들판이라도 괜찮아
난 이 자리에 만족해
저 푸른 하늘, 바람 한 조각이면
난 행복해.

행복

시골 할머니가 채소 몇 단을 앞에 놓고
꾸벅꾸벅 졸고 있다
가만히 보니 꿈을 꾸고 있다
요것 다 팔면 우리 손자놈 운동화 사 줘야지.

외로움과 함께 가기

한세상 겹겹의 세월
외로움과 함께 가기
웃으며 노래하며
친구 삼아 함께 가기.

수화

수화는 손으로 하는 거 아니야
몸으로 하는 거야
몸으로 하는 거 아니야
마음으로 하는 거지.

엘피 레코드 한 장

세월의 먼지 속에서도
바래지 않은 정겨운 소리
따스한 입김으로 다가와서
추운 마음을 녹여주네.

영웅

굳이 역사 속에서만 영웅을 찾지 마
우리 주위에도 많아
자기 일에 열심히 하는 사람
그들도 다 영웅이야.

요양원

순이 할머니는 오늘도 햇볕하고 놉니다
영희 할머니는 사진 보며 놉니다
영구 할아버지는 먼 산하고 놉니다
대식이 할아버지는 그림자하고 놉니다.

장사익

그의 노래는
뼛속에서 나온다
듣는 이들도
뼈마디가 아프다.

지하철

어머니의 뱃속이
그립다
그래서 땅 밑으로
다닌다.

시인의 산문

'4행시'와 나의 문학

책 읽기와 편지 쓰기

초등학교 6학년 초, 나는 가정 사정으로 부모님을 따라 충북 영동에서 경기도 안성으로 이사했다. 자연 학교도 영동초등학교에서 안성초등학교로 전학할 수밖에 없었다. 급격한 환경 변화는 어린 나에게 커다란 충격을 안겨주었다. 게다가 전학한 6학년 2반 학급이 공교롭게도 2층이었다. 그러다 보니 나도 모르게 먼 남쪽 하늘만 자꾸 쳐다보게 되었다. 고향의 친구들이 그리웠고 보고 싶었다. 꿈을 꿔도 영동 꿈만 꿨다. 친구들이랑 뛰놀던 운동장이며 골목이 나를 놓아주지 않았다. 그때 만난 게 책이었다. 책은 나의 외로움과 그리움을 씻어주는 어머니 같은 존재였다. 그때 읽은 책이 지금도 잊히지 않는다. 『톰 소여의 모험』, 『검둥이의 설움』, 『장발장』, 『검은 별』, 『바다 밑 2만 리』 등의 소설과 만화로는 『밀림의 왕자』, 『엄마 찾아 삼만 리』 같은 책이었다.

중학교를 거쳐 고등학교에 올라가면서 나의 독서열은 더욱 타올랐다. 세계문학전집의 맛을 안 것이다. 앙드레 지드의 『좁은 문』, 괴테의 『젊은 베르테르의 슬픔』, 헤밍웨이의 『누구를 위하여 종은 울리나』와 『노인과 바다』, 도스토옙스키의 『죄와 벌』, 에밀리 브론테의 『폭풍의 언덕』, 알렉산드로 뒤마의 『몬테크리스트 백작』 등에 심취하였다. 그런가 하면 우리나라 시인, 작가들의 작품도 놓치지 않았다. 김소월의 「진달래꽃」, 「산유화」 같은 서정시와 서정주의 「질마재 신화」, 「자화상」 그리고 「신부」, 김동리의 「무녀도」와 「등신불」, 황순원의 「소나기」를 비롯해서 「학」과 「독 짓는 늙은이」, 이범선의 「오발탄」, 최인훈의 「광장」, 오상원의 「모반」, 서기원의 「이 성숙한 밤의 포옹」 등등.

나는 이들 작품들을 읽으면서 나도 작가가 되고 싶었다. 가슴속에서 외롭게 굴러다니는 생각들을 글로 드러내고 싶었다. 시집을 가방에 넣고 다니길 좋아했고, 너른 도로 대신 호젓한 산책길을 사랑하게 되었으며, 낮보다는 밤이나 새벽을 좋아하는 습성이 붙었다.

편지를 쓰는 즐거움을 안 것도 그 무렵이었다. 편지의 상대는 고향의 선배 여학생이었다. 나보다 세 살 위인 그 여학생에게 일주일이 멀다 하고 편지를 써서 부치곤 했다. 책을 읽다가도 멋진 구절이 있으면 베껴 두었다가 편지 쓸 때 인용하곤 했다. 소월의 시는 어느 편지고 간에 꼭 한 편씩 적어 넣었다. 나의 마음을 보여주는 데는 그만이었다. 지금 생각하면 그게 곧 내 문학 수업의 첫걸음이었다고 생각된다.

문총 주최 전국 고교생 백일장 장원

누구나 그랬듯이 나도 일단 시로부터 문학을 출발했다. 최초의 길 안내자는 김소월이었다. "나 보기가 역겨워/가실 때에는/말없이 고이 보내드리오리다"로 시작되는 저 「진달래꽃」, "산에는 꽃 피네/꽃이 피네/갈 봄 여름 없이/꽃이 피네"의 「산유화」, "그립다/말을 할까/하니 그리워//그냥 갈까/그래도/다시 더 한번"의 「가는 길」을 읽으며 사춘기적 외로움을 달래야 했던 것. 아니, 달랬다기보다는 문학의 함정(?)에 그만 텀벙 빠지고 말았다는 표현이 더 어울릴 것 같다.

그게 중학교 때였고 그 열병은 고등학교에서 더욱 뜨겁게 타올랐다. 안성농고 문예반. 그랬다. 우린 수업이 끝나면 약속이나 한 듯이 어둠침침한 문예반 교실로 모여들었다. 그곳은 우리들만의 동굴이었고, 낙원이었던 것이다. 우린 어둠이 내릴 때까지 그곳에서 『현대문학』, 『자유문학』, 『사상계』를 읽으며 문학의 소용돌이에 빠져들었고, 어쭙잖은 인생론, 문학론을 펼쳤는가 하면, 되지도 않은 시며, 수필이며, 소설을 써가지고는 일약 유명 작가라도 된 듯 기고만장하였다.

하지만 그래도 그건 헛된 공부는 아니었던 모양이다. 고3 가을, 문총 주최 전국 고교생 한글시 백일장이 경복궁에서 있는 것을 안 우리는 문예반 담당 선생님을 졸라서 학교 대표에다 출장비까지 타내어 참가하는 행운을 얻었고, 뜻하지 않게도 그 백일장에서 내가 장원을 차지하는 기염을 토했던 것이다. 그 백일장 시제가 '하늘'이었다. 나는 하늘을 '조국'으로 보고

4 · 19 전후의 하늘을 비교하여 시를 적었다.

그런데 여기에는 우리만의 비밀이 숨겨져 있었으니 그건 백일장을 앞두고 참가자 3명이 특별 수업을 자행한 덕분이었다. 무슨 얘긴가 하면, 우린 방과 후 문예반 교실에 남아 매일 시제 하나씩을 걸고 예행연습을 했던 것. 그때 걸었던 시제 중 하나가 '새벽'이었는데, 나는 그 새벽을 하늘로 바꿔 거의 그대로 옮겨 적었던 것이다. "학의 무리가 고이 날아간 자취를 따라/하늘은 어드메쯤에서 저토록 희맑아 왔는가"로 시작하는 시였다. 당시 심사위원은 양주동, 김광섭, 김남조 선생님이었는데, 양주동 선생님은 심사평에서 「하늘」을 입에 침이 마르도록 칭찬한 것도 모자라 특유의 음성으로 낭독까지 하셨다.

그날 저녁, 라디오 뉴스로 백일장 입상 소식이 전국에 나갔고 안성 읍내 곳곳에는 '안성농고 윤수천 군 백일장 장원'이란 호외까지 나붙었다. 한마디로 안성 읍내가 발칵 뒤집힌 것이다. 어디 그뿐인가. 중앙 일간지는 백일장 입상 소식을 일제히 보도하였고 대한뉴스에서는 시상식 장면을 필름에 담아 영화 상영에 앞서 보여주기도 하였다. 한마디로 나는 그 백일장으로 인해 일약 유명 학생이 된 것이다.

『꺼벙이 억수』 시리즈와 그 밖의 동화들

고교 졸업과 동시에 나는 국학대학 국문과에 특기장학생으로 입학하는 행운을 거머쥐었다. 백일장 장원과 국학대학에서 공모한 작품 모집에서 단편소설로 입상한 덕분이었다. 그러나 행운은 그리 오래 가지 않았다. 5·16 후 부실대학 정리에 국학대학이 들어가는 바람에 나는 전학 대신 공군에 입대하는 길을 택해야 했다. 만 3년의 군 생활은 나로 하여금 자연 문학을 멀리할 수밖에 없었는데, 한 번 멀어진 문학의 길은 좀처럼 되들어 서기가 쉽지 않았다.

직장을 잡고 결혼을 하고 나서 어느 정도 자리가 잡히고 나서야 나는 이게 내 삶의 전부가 아니라는 데 눈이 미치게 되었다. 마침 어린이 잡지 『소년중앙』에서 동화를 공모한다는 걸 알았다. 이틀 동안 원고지 칸을 메워 50매가량의 동화 한 편을 탈고하는 데 성공했다. 그러나 기대는 하지 않았다. 그냥 응모하는 데 만족한다고 생각했다. 그런데 뜻밖에도 우수작에 선정됐다는 전보를 받았다. 그 동화가 「산마을 아이」다. 이듬해에는 장르를 바꿔 「아침」이란 동시를 내어 역시 우수작에 뽑혔다. 그리고 내친김에 조선일보 신춘문예 동시 부문에 응모하여 당선하는 영광을 안았다. 심사위원은 윤석중 선생이셨다.

바람 한 점 없는 날에도/항아리 속에서는/구름이 떠간다.//꽃구름/뭉게구름/소나기구름.//아무도 없는 데도/항아리 속에서는/무슨 소리가 난다.//꽃잎 눈뜨는 소리 같기도 하고/휘파람 소리 같기도 한,/때론 수수밭을 서성이는/달빛 소리.//누가 맨 처음/항아리 빚는 것을 알았을까.//별이 우쭐대는 밤이면/나는 할아버지 생각이 난다.//빨간 불더미에서/흙을 주무르시던/그 불빛 손.//할아버지 생각에 이어/떠오르는 달/달의 꿈이

잠긴/아, 항아리.//누가 항아리 속에/그 많은 말을 담아 놓았을까//꿈속에서도/항아리의 낱말은/파란 별이 되어 빛난다.

—「항아리」전문

이로써 나는 시인 대신 아동문학가가 된 것이다. 성에 차진 않았지만 그런대로 위안을 삼기에는 부족함이 없었다.

세상에는 음식을 담는 그릇이 여러 종류 있다. 밥을 담는 식기, 국을 담는 대접, 반찬을 담는 접시, 고추장이나 간장을 담는 종지 등등. 문학에도 그릇이 있다. 아동문학도 그 가운데 하나라고 생각했다. 나는 두 권의 동시집을 연거푸 낸 뒤 장르를 동화로 바꿔 발표하기 시작했다. 「도둑과 달님」, 「행복한 지게」, 「도깨비 마을의 황금산」, 「피리섬」 등등. 동화가 재미있다는 평이 나면서 동화책도 판매가 호조되는 기쁨을 맛보게 되었다. 첫 동화집 『예뻐지는 병원』은 올 컬러로 주위로부터 부러움의 대상이 되기도 했다. 당시엔 컬러 책이 드문 때였다.

나는 문단 등단 30주년 기념으로 『등불 할머니』란 동화선집을 내고 출판기념회를 가졌다. 2002년 4월 27일이었다. 장소는 수원 캐슬호텔. 일련의 순서가 끝난 뒤 작가의 인사말에서 나는 이런 말을 했다. "저는 어렸을 적에 빨리 어른이 되고 싶었습니다. 어른이 된다면 외롭지도 않고 그립지도 않을 것 같았습니다. 하지만 어른이 된 뒤에도 여전히 외롭고 그리웠습니다. 해서 이번에는 빨리 할아버지가 되고 싶었습니다. 하지만 할아버지가 된 뒤에도 그 외로움과 그리움은 여전히 나를 감싸고돌았습니다. 해서 이번에는 이렇게 마음먹었습니다. 이렇게 떨어져 나갈 줄 모르는 외로움과 그리움이라면 아예 부둥켜안고 살아야겠다고. 돌아다보면 나의 문학의 원천은 그 외로움과 그리움이었다는 생각이 듭니다. 앞으로 더욱 외로움과 그리움을 사랑하면서 열심히 쓰겠습니다."

출판기념회를 하고 난 며칠 뒤, 친구들 모임에 나갔더니 한 친구가 "야, 너 출판기념회 때 보니 작품보다도 말이 훨씬 더 좋더라." 해서 한바탕 웃은 적이 있었다.

동화작가로 어느 정도 인정을 받게 된 2006년 겨울의 어느 날이었다. 학습지를 전문으로 내는 신사고출판사에서 나를 찾아왔다. 어린이를 위한 저학년 동화책을 내기로 했다면서 첫 번째로 선택한 작가가 나란다. 왜 내가 1번 타자냐고 물으니 몇 해 전에 출간되어 교보문고 어린이 도서 베스트 2위까지 올랐던 『엄마와 딸』을 들먹인다. 그러면서 나를 찾아오기 전에 그 책의 그림 작가를 먼저 찾아갔다는 것. 거기엔 이유가 있었다. 그 책의 그림을 그녀가 그렸는데, 누가 봐도 아주 훌륭한 그림이었다. 베스트 2위까지 오른 인기 도서의 8할은 그림 덕이라고 할 만했다. 그래서 출판사에서는 그림 작가부터 찾아가 윤 아무개가 원고를 써주면 그림을 그려주기로 약속받았다는 게 아닌가. 당시엔 이름 좀 있다는 그림 작가의 섭외가 쉽지 않아서 미리 선수를 친 것이었다. 그렇게 해서 쓴 책이 『꺼벙이 억수』였는데, 운이 좋았던지 초등학교 교과서에 수록된 것을 비롯하여 그해 '동화책 50선', 한우리독서운동본부 선정

도서 등 예상 못한 수혜를 입어 널리 알려지게 되자, 출판사에서는 기왕이면 시리즈를 내자고 해서 제2, 제3… 이렇게 해서 다섯 권의 『꺼벙이 억수』 시리즈를 내게 되었는데 그 결과 역시 성공이었다.

책이 유명세를 타고 판매도 잘 된다는 것은 작가에겐 커다란 기쁨이 아닐 수 없다. 나는 『꺼벙이 억수』 덕분에 인세도 적잖이 받았고, 남들의 부러움도 사 보았다. 무엇보다도 꺼벙이 억수 작가로 불리는 영광도 누렸다. 그리고 생존 동화작가로서는 드물게 여섯 권짜리 '동화선집'을 내는 기쁨도 맛보았다.

4행시를 만나다

동시와 동화를 쓰는 아동문학가가 되었지만 나는 시를 완전히 잊은 건 아니었다. 틈틈이 시를 즐겨 쓰고 있었다. 그건 즐거운 외도였고 화려한 나들이였다. 동화로 풀어내지 못한 감정을 시의 체에 걸러내곤 했던 것이다. 여기에는 외부의 영향도 있었다. 여기저기서 시를 써달라는 주문이 간간이 들어왔던 것이다. 주로 축시나 행사시였다. 그런가 하면 어쩌다가 문예지에서도 청탁이 들어오곤 했다. 나는 그때마다 거절하지 않고 꼬박꼬박 청탁에 응했다. 그러다가 낸 첫 시집이 『너에게는 나의 사랑이 필요하다』란 연시(戀詩) 풍의 시집이었다. 뒤이어 낸 시집이 『쓸쓸할수록 화려하게』, 『빈 주머니는 따뜻하다』, 『늦은 봄날』이었다.

『늦은 봄날』을 내고 난 며칠 뒤 새벽이었다. 뭔가가 번개처럼 머리를 스쳐 지나갔다. 나는 얼른 휴대폰에다 스쳐 지나가는 것을 잡아 저장했다. 네 줄짜리 시였다.

어릴 적에 별이 되고 싶었던 나
그 시절로 돌아가고 싶지만
안 되지, 하고 돌아서는
난 때 묻은 팔십하고도 둘.

—「별」 전문

4행시는 그렇게 내게로 왔다. 나는 새벽마다 스쳐 지나가는 '번개'를 잡아 휴대폰에 저장했다. 재미있었다. 한번 재미가 붙자 나는 새벽 외에도 번개를 잡아 저장하기를 즐겼다. 길을 가다가도, 차를 마시다가도, 버스를 타고 가다가도, 사람을 만나 이야기를 나누다가도 그때그때 휴대폰에 저장하는 기쁨에 감사하는 마음까지 일었다. 기계에 감사하기는 그때가 처음이었지 싶다.

당신 만나려고 세상에 왔나 봐
내 마음속으로 걸어 들어온 꽃 한 송이
당신!
그 설렘 맞이하라고 아침이면 해가 뜨나 봐.

—「당신」 전문

사는 게 힘들다고?
힘들어야 맛이 나지
고추장을 봐
맵고 짜야 맛이 나잖아.

—「사는 맛」 전문

　단시(短詩)는 번뜩이는 느낌 하나만으로도 쓸 수 있는 최소 단위의 문학이다. 나의 체질과도 맞았다. 단순, 명료하면서도 울림이 있는 시. 그런 시라면 하루에도 몇 편씩 써낼 자신이 있었다. 솔직히 말하지만, 나는 시를 단숨에 쓰는 편이다. 시뿐 아니라 다른 원고도 마찬가지다. 특별한 사정이 없는 한 오래 끄는 법이 없다. 여기에 수정도 거의 하지 않는 편이다. 남들은 한 편을 가지고 수십 번, 심지어 해를 넘겨 가며 손을 보는 모양인데 그런 사람에 비하면 난 단칼로 무를 자르는 식으로 시를 쓴다. 그러다 보니 어떤 시는 금방 담근 열무김치처럼 날내가 나기도 한다.

　마침 서정시학 TV에서 고맙게도 나의 4행시를 요청해 왔다. 그간 몇 차례 내가 속한 단체의 카톡방에 4행시를 올린 적이 있었는데, 이를 눈여겨본 모양이었다. 그러면서 매주 서너 편씩 TV를 통해 4행시를 독자들에게 보냈으면 어떻겠냐는 얘기였다. 내가 마다할 이유가 없었다. 나는 단번에 오케이 했고, 일주일에 네 편씩 써서 보냈다.

위안과 격려의 메시지

　미국에서 오랫동안 의사 생활을 한 마종기 시인의 산문집 『별, 아직 끝나지 않은 기쁨』에 이런 얘기가 나온다. 어느 날, 내일을 기약할 수 없는 중환자들을 대상으로 설문 조사를 했단다. "선생님은 어느 때가 가장 행복했다고 생각하십니까?" 그들이 써낸 답은 의외로 같은 내용이더라고 했다. 한 사람은, 아침에 온 가족이 식탁에서 아침밥을 먹고 각자 일터로 나갔다가 다시 돌아와서 하루에 있었던 일을 주고받았던 때가 가장 행복했노라고. 그런가 하면 또 한 사람은, 아내의 생일에 외식을 하고 나오다가 첫눈이 내리기에 찻집에 들어가서 지난 세월을 이야기했을 때가 가장 행복했노라고. 대체로 그런 일상적이고 사소한 얘기더라는 것. 그 설문 조사를 통해 마종기 시인은 새삼 느꼈다고 했다. 행복이란 멀리 있지 않고 가까운 곳에 있다는 것, 거창한 것이 아니라 작고 사소한 것이라는 것. 여기에는 장관을 했던 사람이나 회사 사장을 했던 사람이나 같은 생각이라는 것.

　　가난도 정이 들면 지낼 만해
　　굳이 내쫓으려고 하지 마
　　서로 어깨 두드려주고 웃어주고
　　그렇게 사는 것도 행복한 거야.
　　　　　　　　　　　　　　—「가난」 전문

집에 담을 두르면
마당밖에 못 가지지만
집에 담을 두르지 않으면
세상 모두가 내 집이다.

—「담」 전문

시골 할머니가 채소 몇 단을 앞에 놓고
꾸벅꾸벅 졸고 있다
자세히 보니 꿈을 꾸고 있다
요것 다 팔면 우리 손자 녀석 운동화 사 줘야지.

—「행복」 전문

    나는 4행시의 주제를 작고 사소한 것, 일상적인 것에서 찾고 있다. 그리고 거기서 삶의 위로와 격려의 힘을 추출하려고 한다. 부디 나의 짧은 시가 힘든 이들에게 위안이 되기를 바란다. 삶이 무엇이며 행복이 무엇인지를 알려주는 메시지였으면 한다. 그리고 오늘보다는 내일의 희망이었으면 한다. 나는 오늘도 이런 바람을 안고 4행시를 즐겨 쓰고 있다.

당신 만나려고 세상에 왔나 봐

2023년 7월 3일 초판 1쇄 펴냄

지은이 _ 윤수천
펴낸이 _ 양문규
펴낸곳 _ 詩와에세이

신고번호 _ 제2017-000025호
주　　소 _ (30021)세종특별자치시 조치원읍 충현로 159, 상가동 107-1호
대표전화 _ (044)863-7652
팩시밀리 _ 0505-116-7653
휴대전화 _ 010-5355-7565
전자우편 _ sie2005@naver.com
공 급 처 _ 한국출판협동조합
주문전화 _ (02)716-5616
팩시밀리 _ (031)944-8234~6

ⓒ윤수천, 2023
ISBN 979-11-91914-43-6 (03810)

* 지은이와 협의하여 인지는 생략합니다.
* 이 책 내용의 전부 또는 일부를 재사용하려면 반드시 지은이와
  詩와에세이 양측의 동의를 받아야 합니다.
* 책값은 뒤표지에 표시되어 있습니다.